AF607430
AVERSO

UNA ESTATUA ROÍDA POR EL MAR

ANTONIO MONTES

Número 40 de la Colección **PERVERSA**

Una estatua roída por el mar

Edición al cuidado de Averso Poesía
www.aversopoesia.com

hola@aversopoesia.com

Primera edición: octubre de 2024
ISBN: 978-84-10027-47-3
Depósito Legal: GR 1389-2024

Impreso en España - *Printed in Spain*

El papel utilizado para la impresión de este libro está calificado como papel ecológico y procede de bosques gestionados de manera sostenible.

UNA ESTATUA ROÍDA POR EL MAR

Antonio Montes

Para Rosa Esteban y Sole Román,
gracias por estar siempre conmigo.

Esta es la utilidad de la poesía,
que nos recuerda cuán difícil es
seguir siendo la misma persona,
pues nuestra casa está abierta,
sin llave en la puerta,
e invisibles huéspedes
entran y salen.

Czeslaw Milosz

La poesía es un árbol sin hojas
que da sombra.

Juan Gelman

Déjame que me pierda entre palabras.
Octavio Paz

Yo,
que quise todo aprenderlo de los libros
que escapé de las calles
que cerré la boca en las reuniones
que no busqué más que una ventana
un papel
y todo el tiempo del mundo

yo,
que solo quise perderme entre palabras
me pierdo ahora
en unos ojos
que me miran.

Sábado, amanece

Llegar temprano a la orilla del mar
es estrenar el mundo,
la marea ha borrado las huellas de ayer,
el aire es la mano que cuida
a un recién nacido, musitando su nombre.

El vacío, a lo lejos, es una inmensidad
cerca y toda, abierto el horizonte
como los ojos que recuerdan un abrazo.

No hay grúa que te levante del corazón de las aguas
donde te pudriste envuelta en el halo de tu amor invisible.
HERBERTO HELDER

Habito en las cosas vacías de ti
en los pasillos de ecos inacabables
en los surcos de barro que fueron
dibujados por tus pies insomnes.
Habito en el aire que te supo
en las ventanas donde codos apoyados
buscando el frescor de la tarde
la curiosidad de los vecinos.
Habito en el cajón sin tu ropa
en la silla que fue tuya
y ahora anda desparejada y sola
como una noche sin la inminencia del día.
Habito en una playa que fue tu nombre
tu presencia cierta en las arenas
tus ojos dibujando el horizonte
tu boca lista para el beso.

Tus quietos ojos de olvido.
PEDRO PÉREZ-CLOTET

En pie contemplas el desastre.
Rodeado de ruinas como un ídolo de piedra
que a duras penas sobrevive a su propia grandeza.

Tal vez la estatua y las columnas huecas
que fueron nuestro refugio,
un día disfraz de posibilidades.

Es el último rescoldo de la guerra
el armisticio sin paz de unas firmas
a punta de pistola, la despedida
apresurada, conscientes de que la única
manera de no seguir sangrando
es dedicar el futuro a lamernos
las heridas, en soledad y lejos,
muy lejos, hasta que llegue
la cruel bendición del olvido.

Criatura del aire sumérgete en las aguas.
Eduardo García

Que tus huesos de arena masticada
señalen los caminos a las olas
y abran los recuerdos de cuantos
en estos horizontes han sido:
que tu luz, que tu tristeza enquistada
alcancen a la sal y a la ceniza.

Déjate ser, criatura del aire,
déjate ser en las aguas de espejo,
muerde las algas, deshazte
en el reflejo de los cuerpos del frío
que aquí buscaron su refugio,
huyendo de un desconsuelo
capaz de acabar con las mareas.

Madrugada

Si despierto en mitad de la noche si alargo
el brazo y cae en un vacío grande y redondo
si comienza el mar como dijo María Victoria
si comienza el mar donde acaban mis sábanas
si no necesito encender la luz para comprobar
que nada nunca nada nadie si el silencio
es un sudor que se derrama por las paredes
hasta llegar al suelo y dibujar charcos
oxidados si abrir los ojos es igual que
cerrarlos porque tanta oscuridad tanta
quietud de fin del mundo tanto aire
agotado tanto viento que no sopla tanto
azul en negro desleído si intento un libro
entre las manos como el que aferra
un escudo como el que abrocha
la seguridad en el camino si recuerdo
que el armario es más grande porque
ha crecido al ser ahora solo de uno si
ya no lucho por la colcha cuando llega el
invierno si ya no cuerpo que me hace
al hacerse con el mío si ya no sombras
compartidas si ya no voz ni mi nombre levando
anclas en el pasillo si ya una sola mesita
y en la silla unos únicos pantalones agonizan
si ya no hay lugar para el nosotros
y solo un yo que ocupa todo sin lograr
llenar tu vacío si todo se acaba y empieza
cuando despierto
            solo

en una cama que de repente
es un desierto o el fondo del mar
sin sus latidos.

El secreto de las cosas

Yo prefiero quedar en la penumbra;
quedarme en el secreto de las cosas.
ADONIS

Acepté la dureza de estar vivo,
el desconcierto de cada día, cada hora,
la impotencia de la roca que se cae,
la oscuridad de la caja cerrada.

Nada sé, nada he aprendido.

Ni los años, ni los libros,
ni las conversaciones hasta
el amanecer con una copa en la mano.

Apenas un arañazo en la superficie,
apenas la inicial
de todo un nombre.

Lo imprescindible

Y atreverse a ser maleta
a ser lo imprescindible
(pantalones, camisas,
abrigos y bufandas, un
par de cuadernos
y un puñado de libros)
lo imprescindible y carretera,
engullir quilómetros
porque la decisión ya aquí,
como quien pone un hombre de pie
y lo mira cuando amanece
y amanece con el cansancio
de las horas conduciendo, y ser
al fin donde te quieres, donde
te sabes, cerraste la puerta o no,
regaste las macetas una última
vez, queda tanto atrás como
tanto se abre frente a ti,
las manos escasas ante este río
que es mar, ante este rincón
al que perteneces aunque nunca
más que unos pocos días,
es su presencia cierta,
es la voz que por dentro
repite tu nombre, es saber
que pisas donde debes, donde
las piedras milimétricas han
estado esperándote desde siempre,
también ellas convencidas

de que llegaría la hora en
que puro atreverse a ser maleta
            a ser
            lo imprescindible.

Casi podemos considerar una insolencia
la intensidad con la que envejeció.
HÉLIA CORREIA

Empeñado en desgajarse, en arrancar
a empellones pedazos de sí mismo:
es tan fácil perdonar en nosotros
lo que odiamos en los demás.

Empeñado en borrar hasta la sombra,
ni su casa es ya lugar
ni su imagen la de hombre,
solo camina si es que caminar es
su deambular como una botella
que rueda calle abajo: olvidada
y vacía termina por romperse,
ofreciendo esquinas en brillo
que ansían abrir la carne.

Empeñado en disolverse, en ser polvo
en el más polvo cotidiano, en su
irreversible quietud de espejo encerrado:
tan brusco giro de muñeca que los
huesos uno a uno se vuelven
aceite goteando.

Tan absoluto su empeño
en ser viejo antes de tiempo,
desvalido y solitario, abonando
rincones con su quietud de
paraguas, sus labios cerrados,

sus manos apenas capaces
de ser más que una tumba
que aprisiona.

Tan absoluto
            su empeño.

Caminos

Porque todos los caminos
terminan en un muro
todas las ventanas
añoran sus cortinas
todas las manos saben
de las pieles que buscaron
todas las mañanas deben su ser
a un ayer imprescindible.

Así escribir: buscar por un instante
dar luz a lo que era oscuro.

Así la tinta arañando el papel
de madrugada: poner el poema en pie
como quien levanta un muro
frente a todos los caminos.

Nunca estuvieron

Yo los vi.

No estaban ni habían estado nunca,
sus pies no supieron de aquel camino polvoso,
sus manos no se posaron, distraídas,
en el reguero de columnas que maldibujaban
lo que un día fue, quizá, un templo.

Sus ojos hirvientes no se posaron
sobre las estatuas caídas, sobre los rostros
sin nariz, sin vida: solo el recuerdo
de nombres masticados, sombras
muertas antes de nacer.

Su voz no se alzó ante el asombro
de lo inesperado, ante el recoveco
donde el oráculo demostraba
una vez más que, tal vez, la humanidad
merece seguir intentándolo.

Nunca estuvieron.

Pero el día en que yo sí estuve, los vi.

Y supe que ellos también me estaban viendo.

Boceto

Sobre la arena cuatro huellas de pies:
dos son de niño.

Así la vida: lo que se tarde en caminar
desde la sombra
hasta la orilla.

Recuerdos, cenizas

Con las manos hinchadas recorren
todo el cuerpo para que el fuego y las cenizas
con la soledad se confundan.
GRACA PIRES

Cuerpo acostumbrado tan solo
a las propias caricias a las propias
manos insistiendo buscando el calor
de las noches perdidas de los abrazos
en todos los rincones de los vecinos
que sonreían al verte porque hasta
el tendedero en la terraza era un
lugar idóneo para el beso. Cuerpo
en cenizas convertido guardado el
rescoldo guardado el recuerdo
de días eternos entre sábanas ahítas
días eternos en la bañera
creando marejadas absolutas.

Cuerpo que no se resigna al hielo
que le impones que no se calma
solo con las pocas fotos de la plenitud
que guardas y que son el mejor testimonio
del sudor compartido y de los labios
que se muerden de diente a diente solo.

Confórmate ahora con la imagen
de aquel invierno inesperado
consuélate con aquellos encuentros

hirvientes consuélate musitando
el nombre al que renunciaste.

Consuélate en el recuerdo
de los cuerpos perfectos que se entregan:
piensa en cuántos pasan la vida
sin saber lo que es mirarse
en unos ojos que les miran.

En tus playas y en tus libros respiro los poemas.
Como si fuera posible que yo comprenda todo.
José do Carmo Francisco

Caminar descalzo por la orilla
cuando el calor de la jornada
aún burbujea en tus arenas (es tu voz
la que oigo) cuando el aire te
envuelve como el más dulce abrazo
y los pies sobre alguna piedra
que estremece (estremece la posibilidad
de cruzarme contigo bajo la luna
que nace casi al alcance de la mano)
caminar descalzo para terminar el día
y empezar otra noche en vela,
musitando.

Había una casa abajo,
junto al estruendo de las olas desbaratándose
contra los cantiles, donde el amor era más intenso
porque tenía algo de naufragio.
GABRIEL GARCÍA MÁRQUEZ

Un madero a la deriva
manos que ansían un pantalán
al que aferrarse bocas abiertas
buscando un acaso último
respiro cuerpos luchando como
quien bracea en las profundidades
lecho navío mitad luna mitad mar
supervivientes de todos los naufragios
braceando entre sábanas olas amantes
lanzando a cada instante botellas
con mensajes en desespero:
          nunca
          nunca
          vengáis a rescatarnos.

A Fernando Pessoa, siempre

La multitud redescubierta
entre columnas como hilos de aire,
columnas inventadas cada noche
como quien inventa vidas y luz,
como quien de un baúl hizo
la más impresionante biblioteca:
hoy tu tumba apenas es un nombre rodeado
de nombres, ejército que protege
o aclama un puñado de versos,
tantas gentes pasan tantas veces
tantos días por aquí: qué mejor lugar
para la ceniza oscura, para los huesos
de piedra como la piedra que te rodea
uno a uno y la muchedumbre: tu sombra
hecha de sombras me acompaña cada
vez que frente a ti paso y salgo renacido
de este claustro absoluto, de su rotunda
presencia que te protege en tu
continuo diálogo con todos los que fuiste,
todos los que contigo son bajo este suelo
de siglos: tú eres todos y todos en ti aún
habitan y yo soy todos por tu nombre
y de tu mano de metal cálido voy
por las calles que te fueron y me hago
más de esta ciudad que me mastica por dentro
y me pone en pie como quien pone un nombre
como quien pone un hombre en pie
tantos hombres a tu lado en pie tantas
palabras tantos versos que te fueron y nos dejaste.

Hasta pronto, Fernando.

Como siempre, volveré a visitaros.

Su rostro era hermoso y gastado como el rostro
de una estatua roída por el mar.
SOPHIA DE MELLO BREYNER

Con la sabiduría de los libros masticados
con la paciencia de una piedra
asomada a la ventana
con la quietud lustrosa de quien
todo lo vio sin interesarse por nada
con la altivez del que a sus pies
imperios y vidas

así

así te observo esta noche de luna inmensa
así te miro oyendo más allá de tus silencios
acariciando el aire donde no eres
sabiendo que estas serán
las últimas palabras que me dices
y estas las últimas sombras que te abrazo.

Hay una memoria empañada de otro otoño,
cenizas en el patio,
el olor de alguna cosa que muere, pero no duele.
MARIA DO ROSARIO PEDREIRA

Quemar fotos
borrar mensajes en el móvil
eliminar publicaciones de internet
tirar la ropa ajena
recorrer la casa (pura madrugada sola)
buscando lo que de ti pudiera quedar:
un libro con tu firma
unas gafas de sol descabaladas
una guía de la ciudad primera
con las hojas marcadas en aquel agosto imposible
cerrar los ojos y las manos
regalarse en otros cuerpos que te borren
dejarse ser lejos y solo
y, al fin todo,
para nada.

...un coágulo de luz adolescente
y un corazón de ceniza...
FERNANDO PINTO DO AMARAL

Ver en otros los caminos que nos fueron,
el mundo abierto al alcance de las manos:
noches, días, descubrimientos iguales.

Ver la fuerza de tus quince años
enfrentados a lo que eres ahora:
fantasma de ti mismo, huesos
cansados, palabras escondidas,
historial de fracasos. Abiertas tus
manos en el sacrificio de la
desesperación, de las horas gastadas,
un acantilado lo que ayer recio
muro, proyecto con raíces eternas
que no soportaron los rigores
de todos tus veranos.

Te dejaste ir, indiferente.

Una esquina, un refugio,
una cama en la que anhelar
lo que nunca fuiste aunque
siempre poblada, siempre muchedumbres
con las que vadear la absoluta,
la definitiva soledad.

Te veo en tus quince años
sabiendo ya de tu espalda

vencida, de las manchas en la
piel, de los huesos
cansados. Quieres morderlo
todo, pero entre los dientes
solo tienes el sabor inconfundible
de la ceniza.

Hoja de papel

Imagina ser folio en blanco,
tímida hoja de papel esperando,
una entre cientos milimétricamente iguales,
su olor, su tacto, su paciencia
de material amontonado.
Imagina ser factura o albarán,
imagina ser extracto bancario,
movimientos alineados, vidas resumidas
en dineros que entran y salen, fijados
para siempre en esas hojas en blanco.
Imagina ser análisis médico
que suponga casi pena de muerte,
sentencia en un juzgado,
inspección de Hacienda.

Pero imagina también que brilla sobre ti
la suerte de una mano dibujando un rostro,
o unas palabras que tiemblan
para dar forma a un poema.
Imagina que llegaste a la carpeta de Aleixandre
o al bolso donde Szymborska guardaba
sus miles de sueños.
Imagina que para siempre fijada
tu existencia, enmarcada y protegida,
un museo tu casa, miradas de
admiración ante tu presencia cierta,
fotos que te multiplican.
O, al contrario, imagina que una sola
mirada, unas solas manos, un solo

destino en un cajón oscuro, bajo
los pañuelos tu presencia que
amarillea, desvaída ya la tinta
de lo que fue apenas una última
carta en la que se derramó
una vida.

Justificación

Yo no te conocí,
pero te ofrezco, sobre tu tumba abierta en primavera,
este pequeño sol para tus huesos.
JULIA UCEDA

El calor de tus manos abiertas alcanza
para vadear el frío de la piedra
el nombre esculpido a dentelladas
la madera que suena cuando
es empujada hacia lo oscuro.
El calor de tus manos
y diminutos soles amarillos
atemperan mis huesos
mi soledad de maldición antigua
mi inventario de infidelidades.
No sé de ti, de mí no sabes
pero imagino tus manos
animalillos hirientes dando calor
al desconcierto de mi tumba.

Este es el poema-engaño de tu rostro
donde busco la abolición de la muerte.
SOPHIA DE MELLO BREYNER

Fijar la vida en el papel
aquí no muerte
        si no la escribo
aquí no despedida
        si no la escribo
aquí no lágrimas ni carne desgajada
aquí no guerra ni casas que se caen
aquí no niños perdidos
ni manos anhelantes que no encuentran
otra mano para refugiarse.

        Aquí solo lo que quiero:
        eternidad, cuerpos amados,
        labios como alas,
        anocheceres limpios
        a la orilla del mar.

...el poema que todos escribimos
con lágrimas
y uñas
y carbón.
CLARIBEL ALEGRÍA

Cuando me rodea mucha gente
(una fiesta, un restaurante,
los niños incordiando en la playa,
el avión que me lleva a una
realidad momentánea)
cuando me rodea mucha gente
cierro los ojos e intento escuchar
escuchar más allá de las palabras
más allá de lo que dicen unos
y otros (los planes, los reproches,
los recordatorios que permiten que el mundo
no se salga de su órbita)
cierro los ojos y me concentro
en la multitud de palabras
fútiles, gastando aliento
en las bocas que las dejan caer
con descuido, como quien arroja
simiente sobre las piedras aunque
sabe que ahí nada germinará
igual, sin posibilidad de que esas palabras
se alcen y tomen forma
así las escucho
tratando de que alguna se quede
prendida en mis manos
una sola, sorprendente, aprovechable,

una quizá no usada desde
hace más de una vida
me esfuerzo por agarrar esa palabra
por los pelos y arrastrarla hasta
el cuaderno, presa ahora
de mi bolígrafo y mi aburrimiento,
presa de mi manía por arañar
el papel hasta la sangre
(aprieto tanto, tanto el bolígrafo
cuando escribo)
palabra apresada ya por siempre
en su nueva casa, excusa para
intentar un vano poema que,
si no fama o premios o simple
librillo olvidado en cualquier estante,
al menos sí entretenimiento, juguete,
fuego de artificio con el que engañar
los minutos pastosos que se enganchan
a mis zapatos y tiran de mí
como yo, inútilmente, intento tirar
de las palabras.

Cada poema escrito es una oportunidad.
Luís Barreto Guimaraes

Los segundos antes de dibujar la
primera palabra la duda siempre
(antes-durante-después) la duda
de si parecido a lo que quería decir
sin saber lo que se quiere decir
(escribir poesía es querer decir
lo que no se sabe) nuevos segundos
(minutos) en suspenso releer
en voz alta algún verso (pero acaso
esto es un verso) tachar tachar
hasta la sangre buscar un nuevo
comienzo una nueva oportunidad
de convertir en cierto lo que no existe
sacar del blanco impoluto el brillo
de una verdad o su reflejo:
fracasar
siempre.

Mediatarde, escribo

Si me tiendo a tu lado
no estoy junto a ti ni estoy tendido:
como las sábanas de Remedios, la bella
como don José entrando en el Registro
como quien busca paisajes en un grano de arena
como el niño que golpea su tambor
como los molinos de viento que te retan
como el amor que en destrucción se vierte
como el que despierta convertido en un insecto
como el que nada hasta encontrar la perla
como el que vive en sus heterónimos
como el que crea un vivo de los muertos
como el que observa la belleza de Venecia
como quien decide comprar flores
　　　　Cuando me tiendo a tu lado
　　　　no soy un hombre al lado de otro hombre
　　　　soy, por ti, todas las sombras del mundo.

No hay más vida que la de las olas
estallando en la noche de las grutas.
ANTONIO COLINAS

En cada orilla un nuevo nacimiento
un abrirse al sol que ya no quema
porque el cuenco de las manos cuando caen
es más fuerte que las ansias de venganza.
Un ojo blanco y redondo
el cielo de la gruta: se llega aquí nadando
o sobre las tablas agónicas de una barcaza
que Caronte hubiera rechazado: se
amontonan los cuerpos muertos los peces
muertos las algas muertas las gaviotas
que se acercaron porque buscaban sustento
y acaso descanso y también fueron al fin
muerte en la muerte.
Solo las olas y la luz que llega
de lo alto
siguen vivas y mordiendo.

Hay una isla dentro de la noche.
AURORA LUQUE

Eres el descanso de todos los guerreros,
el breve paso antes de alcanzar el lecho
y la sal que inunda tus cristales. Eres
la niebla al borde de la playa
un día a mediados de agosto, tan densa,
tan absolutamente palpable, que no se ve
el mar aunque se oyen, como un eco,
las olas devastadas. Eres ese día en blanco
disfrazado, la isla a la que quedo en desespero,
sabiendo que no llegaré a ti ni a ningún sitio,
que solo seré el cuerpo que nada porque
terminó el tiempo de estar quieto.

Elegir un día

Habrías podido correr sobre arenas de recién estreno
habrías podido lanzarte desde el precipicio
a las olas amantes y su misterio,
hacer del fondo marino tu casa,
buscar en brazos de una noche
tu más dulce muerte, vestirte con
las miradas de cuantos a tu paso
suspiran, dibujar nombres a fuerza
de rodilla enquistada, bailar hasta
el fin de los tiempos en antros
sin luz y sin memoria, devorar
sombras como quien mastica los
labios que le nombran.
        Habrías podido tanto
        y sin embargo
                decidiste que yo solo.

Ojalá por fin pudiera decir que está en mí.
CZESLAW MILOSZ

Se acaba el día
estoy en tus manos.
Señalas el cielo
conoces las constelaciones
y las historias de todas las mitologías.

El aire anticipa el fin del verano
pero no en este instante.

Un paréntesis de arena
y olas tímidas.

Señalas el cielo:
yo miro tu mano.

Yo te bautizo en el nombre del mar,
Dijo mi madre con barcos en la voz.
Y las olas envolvieron mi nombre en las aguas,
Abriendo en las grietas del cuerpo un salado
Impulso que me sacudió la sangre.
Ahora sé que hay anclas ahogadas
En mis ojos: nítido eco de todos los deseos.

GRACA PIRES

ÍNDICE

Este libro se terminó de editar en Granada
en octubre de 2024 por

www.aversopoesia.com
hola@aversopoesia.com